여든의 하루와
쉰아홉의 하룻밤

여든의 하루와 쉰아홉의 하룻밤

—

초판 1쇄 2025년 9월 19일
지은이 김효신
펴낸이 김영재
펴낸곳 책만드는집

—

주소 서울 마포구 양화로3길 99, 4층 (04022)
전화 3142-1585·6
팩스 336-8908
전자우편 chaekjip@naver.com
출판등록 1994년 1월 13일 제10-927호
ⓒ 김효신, 2025

—

—

ISBN 978-89-7944-905-1 (04810)
ISBN 978-89-7944-354-7 (세트)

책 만 드 는 집
시인선 266

여든의 하루와
쉰아홉의 하룻밤

김효신 시조집

책만드는집

격을 갖춘 정형의 틀 안에 일흔한 편,

살아온 날들의 모습을 손끝으로 조각했다

그대는 들뜨지 않는 나를 찾아 가는 길.

스승님은 내 손을 복손이라 말씀하셨다

복손으로 빚어내고픈 행복한 율과 격,

입추에 힘을 뺀 매미들 품위 지킨 떼창.

2025년 늦여름

서벽당書碧堂에서 金孝信

| 차례 |

풍류차향, 서른 해

마음을 가다듬어 홀로이 앉은 자리
두 번의 죽비 소리 선계로 이어지고
청아한 대금 소리가 초록 눈썹 깨운다.

차와 물 조화롭게 감싸고 스며드니
천 개의 거품 속에 천 개의 부처님
절제된 몸으로 여는 신비로운 어울림.

한 호흡 한 동작에 수만 꽃들 피고 지고
멈춘 듯 스친 시간 서른 해를 관통한다
풍류는 도를 넘어선 하나 됨에 눈부시다.

허니문을 증언한다

월세가 밀리더니 굳게 잠긴 세입자 집

침입자 들어서자 저항하는 회색 먼지

사진 속 신혼부부가 환하게도 반긴다.

옷장에 뼈째 걸린 외출 전의 양복들

그 흔한 기계음과 깜빡이는 불빛 하나

침묵한 시간 속으로 봉인된 지 오래다.

상표조차 못 뗀 세간 스크럼을 짜고서

압화 된 공간 속에 저항하며 버텼어도

한낮의 거리에 몰려 허니문을 증언한다.

타인의 흔적

계약된 임차 기간 다 채우지 못하고

요양원 들어가신 201호 어르신

빛바랜 타인의 흔적 지워내는 임대인.

방 안에 건강식품 의료기기 가득한데

외로운 혼자의 삶 치료약은 없었는지

선망에 잡혀 살았던 43년생 임차인.

사월의 처처 부처 거리마다 불 밝힌 날

주인 잃은 살림살이 법비에 젖고 있네

넘치는 종량제 봉투 뚫고 나온 셔츠 팔.

돌아보고 돌아보다

꼿꼿이 정좌하고 정주행 시조 한 권

불연佛緣이 아니라면 마주할 일이런가

달에도 시인이 살까, 깊은 내면 그 감성.

고요한 음성 속에 읊조리는 시구들은

내 안의 나를 일깨우고 불러내니

달빛에 비우는 찻잔 맹탕인들 어떠랴.

주술 같은 밀어가 승과 속 아우르고

알 듯도 하련마는 도무지 알 수 없어

날마다 찰나의 부처 돌아보고 돌아본다.

자비로운 죽비

남은 생애 2배속으로 함께 하자시며

죽비를 아낌없이 내리시는 그대

등줄기 시원한 자국마다 시구절이 맺힙니다.

시조와 법문을 양손에 쥐여주셔

맑히고 걸러내니 드러나는 나의 본좌

자신을 무두질하듯 찻물만 끓입니다.

스무 해 더 묵은 차 품에 안고 오신 날

무언의 시간 속에 깊은 향 건져내며

한 가닥 흐트러짐 없는 누구신가 그대는.

풀들의 세상

서른 해 터줏대감 단감나무 점령한 땅
그 아래는 서열 낮은 풀들의 세상이다
나날이 바람의 전사 몰래 연정 푸는 곳.

어쩌면 꽃보다 더 빠르게 눈을 뜨고
눈치 없이 시시때때 당당하게 기립한다
내 안에 번뇌의 그물 거두어준 잡초들.

그물 없앤 품삯 달라 시위하듯 일어선다
벌받듯 땡볕에서 머리채를 낚아채도
모든 것 인과응보란다 다음에 또 오겠단다.

검은 봄의 기억

지금도 여전히 석탄가루 날린다면
어머니 난방 폭탄 맞지 않고 사셨을까
한때는 기름보일러 탄광촌을 달궜지.

물색도 민들레도 빨랫줄 흰옷까지
사람도 골목길도 까맣게 윤이 나서
더욱더 까매져야만 풍요롭던 탄광촌.

땅속을 기어가며 일흔 해 신의 영역
해저 삼백 미터 골수까지 파먹었네
광부 딸 광부의 아내 휴식기에 들던 날.

골목 안 작은 카페

실로 뜬 목도리를 다정하게 두르고

목이 긴 유리잔이 권하는 뜨거운 짜이

카페 안 벽면 가득히 평화를 갈구한다.

변덕쟁이 유월 구름 마법을 풀어

여우비를 뿌리고 담장 너머 사라진다

하늘이 새로 내려주는 금사金絲 같은 햇살들.

허공에 금줄을 두른 원색 깃발들과

티베트 여인들이 손바느질한 무명옷들

골목 안 작은 카페를 부적처럼 지킨다.

민들레 가족

그곳은 언제나 검은 비가 내렸다

타다 만 연탄재와 검은 흙을 뚫고서

민들레 웃음마저도 거뭇하게 피었다.

판잣집 울타리 아래 민들레 가족은

막장을 막 나온 아버지 눈빛이었다

계절도 드러내지 않는 무심함과 천진함.

어두운 골목 집 대문 앞에 다다르면

검은 작업복 헹궈내는 어머니 작은 몸집

손톱 밑 까만 희망이 흔들리며 피어났다.

천사의 섬 비금도

해무에 가려있던
절경 속 천생의 섬
논바닥 염전 터는
하느님 동업 장소
햇살에 바람꽃 피워
천일염을 키운다.

작은 집 넓은 지붕
소금 종자 거두고
좁고도 가는 물길
간 맞는 바람 통로
뙤약볕 염부의 땀이
그대로 보석이다.

일백 평 햇살 모아
한 됫박 받아 들면
눈물꽃도 어느새

연등으로 빛나고
비금도 뱃고동 소리
단내 나는 해조음.

초로의 아이들

반말하기 이상하고 존댓말도 불편한
흰머리 성성하고 술배 부른 아저씨들
낯설고 어색한 눈빛으로 아이들을 캐낸다.

단발머리 소녀도 고운 주름 중년이고
감자를 쪄주시던 그 아이 어머니는
하얀 김 노릇노릇한 감자웃음 웃고 있다.

선생님 무등 타고 학교 다닌 나에게
그 작던 꼬마가 이렇게도 컸느냐며
나조차 몰랐던 나를 어른들이 캐낸다.

내 마음 대홍포 두르고

기기묘묘 바위산이 병풍을 둘러치고
열린 듯 닫힌 듯 산길에 올라서니
깊은 골 은신처 같은 생명의 수 옹달샘.

초록 이끼 처연히 갑옷으로 겹쳐 입고
빗물에 씻긴 차꽃 청신하고 신비롭다
타국인 차의 연 깊어 가까이서 받드는가.

무이산 대홍포* 고목 하늘 아래 청청하고
암골화향 느끼며 나도 전설 돼보려나
내 마음 대홍포 두르고 붉고 붉게 타오른다.

* 大紅袍: 중국 복건성(푸젠성) 무이산에서 나는 최고급 무이암차의 일종.
명나라 때 황후의 병을 치료했다 하여 황제가 차나무에 붉은 비단옷을 하
사한 데서 붙여진 이름이다.

가슴으로 품은 너

두 돌이 갓 지난 유난히 작은 아기
우유 통 손에 쥐고 눈길을 피했지만
첫눈에 모자의 연을 맺어버린 나였다.

말문도 닫아버린 까칠했던 너란 아이
잠투정 칭얼거림 보채는 것 하나 없이
나날이 내 안에 꽃물 밝게 들여 주었지.

십오 년 숫자만큼 불쑥불쑥 키가 자라
고개 젖혀 올려 보면 너는 나를 내려다봤다
불혹에 너의 성장통 함께 겪은 나의 편.

빈방

전세 있음 투룸 공실 즉시 입주 가능함
앞뒤로 크게 써서 현관문에 붙여놓고
오가는 눈길이라도 잡고 싶은 집주인.

전세금 떼이고 길가에 나앉은 사람
깡통전세 사기에 죽음을 택한 사람
불길한 매스컴 뉴스에 늘어가는 빈 가구.

하루 품 팔아서 월세를 전전하다
십 년을 헌신하여 마련한 전셋집
흉흉한 세상인심은 월셋집만 찾는다.

시인들의 여름방학

버려도 그만인 양산을 펼쳐 들고
가려도 가려지지 않는 홍조 띤 양 볼에
하늘색 꽃 그림 문신 곱게 새겨 넣는다.

만개한 꽃들이 하늘을 떠받들고
땅 위의 고개 숙인 풀꽃도 귀한 계절
마당가 가마솥에는 열세 마리 제물 닭.

시인은 꿈속에서 꿈 없는 꿈을 꾸고
돌확의 두꺼비는 물소리로 시를 쓴다
새벽녘 닭 울음소리 절규 아닌 자유다.

햇살 지분 내 사유의 땅

눈뜨면 뒤란으로 잡초와 숨바꼭질
땅 평수 햇살 지분 자로 재어 남겨놓은
너덧 평 내 사유의 땅 희희낙락 하는 곳.

삼십 년 입주 동기 울창한 단감나무
새봄에 사다 심은 살구나무 충신 되어
호박잎 점령한 세상 작물 없는 잡초밭.

주인의 게으름에 호박 넝쿨 하늘 된 땅
무차별 모기떼에 발 한쪽 못 들이고
처서에 입 돌아가면 세게 후려치리라.

여든의 하루와 쉰아홉의 하룻밤

옥수수밭, 그곳은 어머니의 부대였다
오와 열을 맞추어 선 군기에 찬 병사
그 속을 매의 눈으로 검열하듯 지났다.

장대 같은 큰 키에 허리춤에 장착한
크고 잘 여문 송이 툭툭 꺾어 내었다
여름은 옥수수가 익어야 지나가는 역이다.

갈퀴 같은 뿌리는 대지를 움켜잡고
정수리 수꽃이 볏을 피워 한생이다
그곳은 어머니의 땅 대를 잇는 장소다.

나를 손님으로 모시고

손님을 기다리다 잊혀질 차 한 통
'나'라는 귀한 손님 일깨워 준 스승님
미루어 아끼는 것이 검소 아닌 사치다.

아끼다 묵어버린 말차 한 봉의 내력
가물한 차의 이력 더듬더듬 찾아내어
비로소 나를 대접해 보은의 맘 전하리.

찻물이 끓는 소리 바람마저 잠재우고
이백 년 전통의 차 향기에 취하여
적적한 서벽당 안에 군자처럼, 나 있네.

시간이 멈춘 시인 산방

명장의 백자 속에 고명 되어 앉은 닭
복숭아 옥수수 영양떡에 정담까지
잘 먹고 잘 노는 것이 진정 쉬는 쉼이다.

모깃불 피워놓은 마당에 둘러앉아
무더위를 나누고 달빛을 품앗이한다
시인의 차실 안에는 시간 멈춘 벽시계.

방 안에 걸어둔 푸른 바다 그림 한 폭
쪽창을 넘어 드는 바람 소리 잠잠하고
시심이 서로 스며들어 꿈속 같은 하룻밤.

향을 고르듯 소리를 고르다

초저녁 깊은 잠이 한밤중 깨어나서
세상을 들썩이는 소리에 집중한다
은밀한 계절의 전령 오가는 중인가.

가늘고 낮은 소리 끊어질 듯 이어지고
흩어졌다 모이는 장엄한 소리 군무
영원이 순간이 되어 스러지는 화엄장.

이토록 웅장하게 세상을 흔드는 것
쉬지 않는 울림들이 이루어낸 시공간
오로지 소리의 흔적 그들만의 언어들.

소유를 소통하다

4층의 절반을 점령한 세대주와

반지층 네 가구를 소유한 배우자

서른 해 이웃 지인들 마음대로 출입하네.

각방도 아니면서 각자의 집에서

가끔은 맛난 음식 나눠 먹는 동 주민

각자의 취향과 취미 존중하며 산다네.

소유와 점령은 이득 없는 한 끗 차이

청아한 풍경 소리 위층에서 보내면

서벽당* 깊은 차향이 푸른 바다 이루네.

* 書碧堂: 나의 차실 이름.

어린 광부

아버지가 그리워 최연소 광부가 된
육 남매 중 넷째는 대를 이은 광부였다
외지로 떠난 친구들 부러울 틈 없었다.

동갑내기 색시가 챙겨주는 도시락
막장 속 쥐들과 나눠 먹던 끼니였다
한때는 광부가 싫어 서럽게도 울었다.

석탄이 말라버린 갱도의 마지막 날
몸에 밴 3교대 환각처럼 일어나고
하얗게 빛나는 훈장 아버지가 서계셨다.

견공들의 피서

무더위를 피하여 찾아든 계곡에
하늘 담긴 세상은 고요한 거울 속
물안개 피어나는 구릉 세상과는 다른 세상.

다리 밑 그늘 좋은 최상층 자리에는
주인이 떠받드는 냥이와 견공 가족
사람이 하인이 되어 바캉스를 즐긴다.

어린이 놀이터에 노는 아이 없어지고
골목에 아이 소리 끊긴 지 오래인데
피서철 수영복에 선글라스, 반려견 만만세다.

평생학습 한글반

짧디짧은 부부 연에 세 명의 어린 자식
유산으로 남겨주고 세상 등진 젊은 낭군
일생을 아물지 않는 통증으로 도졌네.

한때의 지독한 가난 천명으로 받았지
잊혀가는 기억 속에 낯설디낯선 낭군
손자의 맑은 눈웃음에 가뿐히 앉아있네.

배움에 한이 맺힌 평생학습 한글반
아흔 살 어르신은 십 년째 1학년
서투른 그 이름 석 자 또박또박 써보네.

가을을 밝히는 천진불

어둠과 밝음 사이 여름과 가을 사이
탁음은 사라지고 길 밝히는 음률 있네
청명한 한목소리로 읊어대는 경전들.

소곤대지 않으며 다정하지 않으며
각자의 몫으로 참회하는 마음 소리
무한의 숨소리 위에 한량없는 천진불.

웅장한 소리들이 스러지는 아침 무렵
고요하던 밝음이 소리를 덮었네
하얗게 마중 나온 낮달 젖은 몸을 말리네.

역할놀이

육 년째 한 가족 반려견 보름이
다음 생은 사람의 몸 받으라 염불하니
사람이 개 되길 바라네 역할놀이 해보자고.

사람의 이름인지 개들의 이름인지
이름을 부르면 꼬리 치며 달려오네
새카만 눈동자가 머금은 갸우뚱한 개 세상.

개보다 못하단 말 죽 쒀서 개 준다는 말
그리도 개와 사람 뒤바꾸어 놨을까
폭염에 반려견 업고 땀 흘리는 사람들.

가장 낮은 곳의 나의 스승

이슬 같은 소리들이 땅 위에 떨어졌다
허공을 오르다 감나무 키를 못 넘고
떨어진 그 자리에서 아이처럼 또 운다.

그침 없는 울림들은 대지를 식히고
뜨거워진 눈물은 나이테를 새긴다
나에게 수만의 언어 그 의미는 무엇일까.

순간순간 그 울림은 항상 그 자리
깨어있어 들으라는 경책의 화두인가
내 안의 가장 낮은 곳 스승이 살고 있다.

주인은 갑

마음대로 주무르고 머리 빗겨 핀도 꽂고
스카프도 씌워주고 돌돌 굴려 베개 삼고
숨 쉬는 인형이 되어 주인 비위 맞춰주네.

간식 하나 먹자 치면 갖은 애교 다 부려
간식보다 더 좋은 주인 되고 싶은데
견생에 그런 날은 결코 오지 않을 거라네.

커피색 곱슬머리 아디도그 운동복
백수 패션 소화도 찰떡같이 잘하지
유치원 안 다녔어도 주인 관계 갑이네.

행복지수 높은 날
－진곡요* 전시장에서

가볍고 단단하게 불기운을 이겨낸
차관** 한 점 손에 들어 연신 차를 우려낸다
이토록 행복지수 높은 날 시도 한 수 우려낸다.

대홍포 동방미인 담아내는 찻잔마다
작가의 순수함과 노련함이 배어있다
찻잔은 흙과 불의 진수를 진설하는 몸이다.

주인의 손끝에서 피어난 말차 향은
찻사발 중심에 영롱한 우물 되어
환희의 두레박을 올린다 시와 차가 하나다.

* 황승욱 작가.
** 다관.

하늘이 지은 마을

외줄기 비포장길 숨이 턱에 닿을 때쯤
첩첩 나무 사이로 기암괴석 드러나고
지상 위 하늘이 지은 금을 품던 구미동.

태초의 모습으로 근접할 수 없던 곳
계곡물 용솟음치듯 힘차게 흘러가고
천 갈래 태백산 줄기 숨구멍을 트는 곳.

어릴 적 내가 심은 청청한 침엽수림
속세의 영혼마저 탈탈 털고 난 후에
비로소 경계를 풀어 품에 안고 반기네.

푸른 그늘

키 작은 어린아이 종종대며 걷던 길
신작로 하얀 먼지 눈썹 털며 놀던 곳
그 빈터 키다리 국화 두 손 들어 반기네.

뽕잎을 사각대며 갉아 먹던 누에가
넉잠을 자고 나서 섶에 올라 집을 짓고
솔가지 누에 집 팔아 생계 잇던 고향집.

화전민 떠난 자리 민둥산에 나무 심기
열 살배기 꼬마도 손 보탰던 그곳은
울창한 편백나무 숲 푸른 그늘만 무성하네.

탄광의 아침저녁

판잣집 좁은 골목 출근하는 아버지를
가로질러 지나치지도 앞지르지도 못했네
고단한 하루를 열며 묵념 받던 광부들.

생과 사 항시 한 몸 조상님 은덕이랴
미신이 주인이던 탄광의 아침저녁
목숨값 하늘 높아서 죽어서도 빛난 삶.

땅속보다 더 깊은 노다지가 사는 곳
낮을 대로 낮아진 땅의 숨길 부여잡고
투명한 목숨을 캐던 검디검은 아버지.

외부인 금지 해방

갱도는 문을 닫고 과거로 돌아갔다
세상과 어둠 속을 연결하던 작은 전차
고단한 검은 제국은 열반적정 들었다.

이중교 다리 위를 쉬지 않고 달리던
금천행 광부들을 실어 나른 녹슨 철로
일흔 해 외부인 금지 해방시킨 민들레.

아빠! 오늘도 무사히! 주문은 흐려지고
철로 변에 남아있는 갈 곳 잃은 이름들
덤덤히 강물은 흘러 검은 속살 지웠다.

푸른 용의 아침

민낯의 찻잔에 찻물을 들이네
흙손이 빚어낸 날것의 태토 위에
다디단 한 모금 감로 온 정신을 깨우네.

미망의 눈길마저 거부 없이 받들고
뼛속까지 거르고 접수하는 수행자
의로운 스승의 모습 깊은 곳에 계시네.

어제의 그 해는 그 자리 그대로인데
어찌하여 해를 쫓아 문밖에 선 사람들
채워진 작은 찻잔 속 헤엄치는 푸른 용.

바라밀

내 안의 또 다른 나 깨우고 흔드는 이
합장한 두 손 위로 선문답 주고받던
그날의 백척간두가 오늘 나를 살리네.

백 살은 먹음 직한 오래된 다완 한 점
몸으로 기억하는 전설의 실금마저
가마 속 고행을 마친 수행자의 바라밀.

너로 물드는 시간

천천히 나를 너로 물들이는 시간은
공중에 매달린 연꽃 송이 그마저도
고요한 바람을 불러 풍경 소리 울리네.

해마다 섣달에는 절집에 모여 앉아
주름 종이 돌돌 말아 꽃잎을 비벼댔지
방 안에 사그락 소리 묵은 업장 맑혔네.

열 손가락 손톱에 붉게 물든 꽃물은
노보살님 미간에 미소보살 앉혔지
그리운 그날의 향기 너로 하여 다시 이네.

쇠로 만들어진 폐

당신 몸 장기 하나쯤 썩었어도 좋았겠다
돈 침대 규폐병동 뜯긴 살점 위로받고
오히려 온전한 폐를 원망하던 아버지.

세 번의 규폐 검사 우월했던 장기들
하루에 담배 두 갑 거칠게 피웠어도
아버지 쇠 같은 폐가 열 식구를 피워냈다.

감성놀이

하루에도 여러 번 소꿉놀이 펼치네
손안에 작은 잔 두 손으로 떠받들며
코끝에, 가슴에 한가득 차의 이력 들추네.

수려한 고차수잎 세상을 휘돌아 와
적막한 시간을 물들이며 벗하네
찻잔은 향기 머금은 눈빛으로 화답하며.

황금빛 찻물의 깊이를 알 수 없고
내 마음 한 곳에도 노을빛 들었을까
차 우려 나를 대접한 나와 내가 만나네.

연장된 담보

일 년째 비어있는 빈집에 들어서자
거주지 옮기지 못한 오랜 삶의 파편들
주인의 체취를 잃고 허한 눈빛 떨군다.

낯선 병원 침대와 맞바꾼 전셋집
기억 속 번지수만 아흔 노령 되뇌고
연장된 열댓 평 담보 갱신하는 생명줄.

초승달을 품었네

조국이란 어미 품에 너를 두고 오던 날
주마등 추억은 눈물 나게 시리고
빈 가지 까치집 둥지 초승달을 품었네.

입산 금지

산문을 걸어 잠근 함백산 섣달그믐
갈빗대 드러내며 수행에 든 검은 산
흰 눈에 물들지 않는 검은 혼의 안식처.

다문화 골목

야릇한 향신료 냄새 골목을 가득 채우고
이저런 낯선 언어들 허공에 부딪힌다
현물에 아랑곳없이 터를 넓힌 아이들.

기별

당신이 오시는 날 꽃 피워 달라고
오월의 꽃들에게 애교 협박 당부해도
섬초롱 사랑의 치맛단 풀어지고 말았네.

집을 찾는 사람들

전셋집이 사라져 버린 오래된 주택가
무보증 월셋집이 이름을 내걸었다
빈집은 사람을 찾고 사람들은 집이 없고.

햇살을 받드는 아침

아침 해 지나가는 감나무 아래 앉아

햇살을 받드는 풀꽃들을 바라보네

거룩한 섬김과 복종 낙하하는 감꼭지.

오래된 주택을 지키는 담장 너머

타국의 이른 아침 허기를 다독이고

잠 덜 깬 아이의 울음 눈물 없이 피는 꽃.

주인의 순종으로 피워낸 환한 꽃들

저마다 빛깔과 향기 마음껏 드러내고

시간이 정지된 뜨락 푸른 숨은 가쁘다.

본인이 맞으세요?

기표소 앞에서 나와 내가 대면한다

사진 박힌 신분증이 나임을 인증해도

본인의 이름 석 자와 손도장을 찍는다.

기계음 또박또박 감정 없이 되뇌는

본인이 맞으세요? 그 순간의 낯선 나

본인이 맞지 않으면 나는 과연 누구인가.

아들딸 몰라보는 요양원 어른처럼

도둑맞은 시간을 마주한 나와 나

자신을 잊고 살아도 알 수 없는 그 본인.

스승과 제자

스승은 제자를 섬기는 게 일이라며

몸 아픈 제자 걱정 독경 소리 깊어지고

비 그친 초여름 아침 새 옷 한 벌 챙기네.

새댁의 이름

스무 해 한결같이 새댁이라 불렀네
새댁은 이름이 뭐야, 뜬금없이 묻던 날
자신의 이름 석 자를 어색하게 답했네.

폭우와 불볕더위 드세게 치열하여
이름과 이름이 숨바꼭질하던 밤
술래가 찾아낸 이름 꽁꽁 굳어 있었네.

느린 걸음 여전히 골목 안을 맴도는데
혀끝에 걸려있던 낯선 이름 세 글자
가서는 돌아오지 않고 허공중에 흩어졌네.

아흔의 원로 시인
– 이상범 선생님

음성은 부드럽고 손끝은 힘이 넘치네
보자기 한가득 싸 들고 온 선물은
시인의 젊디젊은 혼이 지어놓은 작은 섬.

붐비는 인사동 길, 익숙한 낯선 거리
여우비 스쳐 간 듯 몽환으로 정지된
시조의 오래된 전설 은총이듯 받아 드네.

한자리 마주 앉아 기우는 해 배웅하고
노시인 이야기에 찻잔들도 귀 기울이네
소나기 지나간 여름날 깊어지는 물소리.

그래, 너

무한정 그리움으로 너에게 다가가
눈 시린 행복감으로 네 앞에 앉는다
다 식은 노을의 찻잔 그도 마저 잊는다.

밤에도 지지 않는 분홍색 낮 달맞이
오롯이 증식하여 소멸을 뛰어넘고
푸르고 푸른 향기에 시간들은 묻혔다.

꽃들의 레스토랑

손짓하지 않아도 내가 네게 자꾸 간다
푸른 숨 길어 올려 붉은 성 쌓았기에
몽환적 사랑을 한다 유혹 한켠 기대어.

말없이 나를 불러 네 앞에 앉혀놓고
주문한 일 없는 향기와 맛을 차려내는
꽃들의 레스토랑은 마음만이 주인이다.

풀씨와 잡초

내 땅을 점령하고 당당하게 주인 행세
온 힘을 다하여 눈물로 호소해도
몰랐다, 티끌의 풀씨 내 전부를 덮을 줄.

한 치의 양보 없이 나뒹굴며 덤볐다
해볼 테면 해보라고 힘으로 버텨내는
묵인한 번뇌와 망상 나를 향한 검이었다.

미명을 열다

밤사이 켜져있던 보안등이 꺼지고
어둠과 밝음이 은밀하게 교차한다
되돌아 시작을 여는 시간의 전사들.

대지가 익어가는 향긋한 갈잎 냄새
별들의 쑤석거림 땅으로 내려앉아
미명 속 무한의 소리 잉태하는 생명들.

천년의 수레바퀴 겁의 시간 이어온
찰나의 쉼이 여는 대자연의 사생활
우레와 거친 빗줄기 그마저도 사랑이리.

묘한 세상

쌈지공원 귀퉁이 길냥이 은신처에

땅으로 올라온 쥐 날지 않는 비둘기

한 그릇 사료 조공에 평화를 공유하네.

견생에 하늘이던 주인이 없어지고

길가 후미진 곳 낯선 타인의 향기

밤하늘 달빛 온기로 길게 누운 그림자.

유물이 된 시간

세월에 때가 묻은 낡은 집을 수리한다

덧바르고 덧칠된 눅진한 뼈대 위에

누군가 살다 간 삶이 얼룩처럼 새겨있다.

오래된 벽지 속에 드러나는 겹겹 울음

감추고 가려왔던 흔적은 퇴화되고

스쳐 간 타인의 삶이 비늘처럼 떨어진다.

그럴 만한 이유가 있겠지

삼월의 함박 춘설 꽃눈은 깨어나고

청명의 하늘에는 초록 비가 내린다

잠자던 고양이 발톱 날 세우는 한나절.

한곳에 자라나는 새 생명의 전령들

편견의 욕심은 잡초를 솎아내고

화려한 번뇌의 꽃이 민낯 숨겨 피고 있다.

산불

칠흑의 검은 밤을 대낮으로 밝히고

광란의 도깨비불 나이테를 지운다

송림은 지조를 잃고 흑역사로 쓰러진다.

검은 산 검은 바다 섬이 되어 누운 밤

타다 만 고목들이 피워내는 살냄새

신들이 떠난 숲에는 그 무엇이 남았을까.

지상의 동산에 꽃눈이 얼어붙고

천강에 매몰차게 몰아치는 빗소리

휩쓸고 지나간 초토, 검은 시간 막막하다.

시인의 향기

마음 다해 물 주고 마음 다해 손길 주어

꽃들이 전하고 있는 별에 닿은 차 향기

계절을 잊고 핀 꽃은 무슨 생각 했을까.

봄에 핀 여름꽃들 화화로운 생동감에

매일 밤 자정의 카페 무명의 시 흐르네

내 인생 시인의 향기 머물기로 하였네.

내 마음의 바리때

긴 세월 애장해 온 소다완 삼 형제

아낌없이 제자에게 나누어 주시네

덤덤히 사유를 담는 내 마음의 바리때.

오백 년 전통의 차 가벼이 내저어

명장의 기품 속에 뽀얗게 인 말차 거품

오고 감, 없는 그 안에 검박함을 배우네.

바람의 독무

뻐꾸기 소리보다 아침 새 울음보다

더 먼저 꽃잎을 찾아든 벌 한 마리

초롱꽃 맑은 웃음을 허공 위에 울린다.

흔적 없이 날아온 그 길을 따라서

온몸으로 일어서는 유월의 이른 아침

내 아침 바람의 독무 벌도 꽃도 취한다.

낯선 시간에 누워

눈 감고 귀를 막고 저항 없이 누웠다

거칠고 날카로운 전자음을 안고서

태초의 이전의 시간 신께로 귀의한다.

해맑은 눈빛은 우물에 떨어진 별

몸속의 권속들은 봉인을 해제하고

오롯이 당신의 온몸 만다라로 피운다.

향기의 중심

시인이 우려낸 차 차인의 시가 된다
경전을 풀어놓은 차탁 위의 찻잔들
고운 손 고운 체로 거른 가인들의 다반사.

장인의 이름 위에 차의 이력 덧붙여
나비의 몸짓으로 건네주는 다정함
세상에 향기의 중심 손끝에서 피어난다.

다반사

신들의 세상에서 사람을 받드는 일
사막의 한나절과 거친 장마 속에서
시인은 무수히 많은 시를 건져 올리네.

마음 깊은 곳의 풍경 소리 듣는 날
소박한 찻상 위에 귀를 열고 앉은 향
어쩌다 시인의 감성에 포로가 된 찻사발.

찻잔이 담아내는 오묘한 우주의 빛
장인의 손맛은 폐부로 스며들고
차신은 시인과 장인 공평하게 받드네.

신들의 정원

천년의 시간 넘어 살을 깎아 품었다
영산의 바위산이 키워내는 차나무
밀향기 구릉에 피어 옛 지음을 부른다.

이슬에 젖은 꽃잎 황금빛 속눈썹
손끝에 붉은 반달 겨울을 건너왔지
노새의 거친 숨소리 푸른 향을 깨운다.

은혜의 법칙

창문이 문의 기능을 상실한 지 오래다

내가 나의 우주를 뭉뚱그린 것처럼

여전히 사유의 봄은 홀로이 뜨겁다.

계산된 시간에 투입되는 은혜의 법칙

단련된 수행으로 거부 없이 섭수한다

세상과 합일하는 순간의 이 뜨거운 존재감.

꽃 속에 내가 있다

세상의 소리를 무음으로 닫아놓고

고요에 시든 향기 객들도 돌아갔다

꿈속의 나의 뜨락에 꽃 속에 내가 있다.

응답 없는 하루는 고품격 신의 장난

반나절 달콤한 낮잠 묵은빚을 받았다

허공에 낡은 거미줄, 별을 낚는 풍경 소리.

무상의 언어

수행의 일상들을 꽃으로 곱게 담아

맑은 차 한 잔과 연화불의 미소

바람에 씨앗이 퍼지듯 시의 샘을 올린다.

이른 아침 오가는 무언의 감성놀이

며칠을 기다리다 한순간에 만나지는

꽃들도 꽃잎에 기대어 수줍게 피어난다.

영혼을 맑혀주는 그리스 음악처럼

마음이 밝아지는 자유로운 혼의 음률

진득한 무상의 언어 나에게로 보낸다.

침묵의 스승

수없이 많은 차를 걸러낸 고운 손이
차탁 위에 진설하는 무심한 곡선의 길
차도는 삿됨이 없는 침묵의 스승이다.

한 그루 봉황단총 대를 이어 정을 쌓고
자경문 한 구절에 배움을 청하니
올곧은 예의와 범절 차의 품성 닮았다.

나를 위한 정화 시간

뜨거운 열기는 대낮을 죄 녹이고
식지 않는 열대야 밤새도록 끓는다
먼 길 온 장평수선이 홀로 짓는 차 향기.

한여름 불 앞에서 잠 못 드는 도공처럼
탄배 향 붉게 물든 무쇠솥에 뜸이 들면
알아도 알지 못했던 나를 위한 정화 시간.

바람이 숨어든 뒤란

더위가 잠식한 도시는 사막 천지
뜨겁게 달구어진 인적도 드문 골목
생명은 허공 위 빨랫줄에 저항하는 깃발들.

뒤꼍을 점령한 단감나무 그늘 아래
음탕한 길고양이 가족을 늘려놨네
바람은 보고도 못 본 척 휘파람을 불어주네.

차 살림

하늘빛 다해와 옥빛 진사 찻사발
큼직한 찻잔으로 기다림도 줄여본다
여름에 걸맞은 살림 나만의 이중생활.

차 항아리 바닥을 수박 동이 채운다
찻잎이 숨 쉬고 찻물이 힘을 빼면
마시자, 사는 일이란 살리는 살림이다.

굴성屈性과 순응順應의 조화
– 김효신의 시조 세계

정용국 한국시조시인협회 이사장

1. 들어가며

인간이 자신의 삶을 헤쳐 나가는 도정이 오로지 자신의 역량과 노력의 대가로 완벽하게 이루어지는 것이라 단정하기는 매우 어렵다. 인간은 사회적 동물이기 때문에 주변과의 관계를 통하여 사유하고 행동하며 소통하기 때문이다. 특히 태어나서 성인이 되는 약 20년 동안은 부모와 학교가 주축이 되는 훈육을 받으며 성장하는 시기여서 상당 부분을 주관이 부족한 상태에서 지식이나 윤리 등을 일방적으로 수용하는 입장에 처할 수밖에 없다. 이 20년의 시간도 국가나 종교에 따라 각별하고 성별과 가정에 따른 차이 등을 고려한다면 이루 다 해명하기가 어려울 정도로 복잡하다. 또한 내 뜻과는 상관이 없이 이러한 거칠고 일방적인 영향 아래 놓이는 것은 피할 수 없는 운명일 뿐 아니라 이를 통과하고 가까스로 성인이 되었다 해도 다양하고 유기적인 인간관계는 계속된다. 가정에서 부부, 부자, 형제간에 이루어지는 유대 관계, 직장이나 사회에서 발생되는 상하 관계, 국가에 대한 의무와 권리 등은 서로 대립하고 마찰하며 갈등하게 된다. 자칫 관계가 악화되면 계약 파기, 민형사 소송이나 처벌도 받게 되며 최악의 경우에는 국가 간 전쟁으로 확장되기도 한다. 이렇게 다양하고 복잡한 관계망을 헤치고 인간이 자신의 신념을 지키며 사회와 국가 안에서 안녕과 발전을 도모하는 것은 지극히 난망한 일일 수밖에 없다.

김효신의 원고를 받아 여러 번 읽으며 문득 이러한 인간과 사회의 문제를 돌이켜 본 것은 그가 이순의 연치에 이르러 시조시인이라는 새로운 길을 밟기까지 쉽지 않은 여정이었지만 곡진하고 단정한 삶의 길을 걸어왔다는 고마운 생각이 들었기 때문이다. 인간의 삶은 자칫 잘못된 만남이나 관계 때문에 인생 전체가 순식간에 무너져 버릴 수 있고 스스로의 힘으로 지켜내기도 하지만 그러지 못할 경우도 많다.

함백산과 태백산이 이어져 함태탄광으로 불렸던 시절에 김효신은 봉화 구마동에서 어린 시절을 보냈다. 작품 여러 곳에서 고단하고 힘들었던 삶의 흔적을 살펴볼 수 있다. 이후에는 다도를 배우며 우리 차와 예절을 집중적으로 공부할 기회를 가저 생의 활기를 얻었다. 차를 배우며 지성과 훌륭한 인격을 갖춘 인연이 자연스럽게 연계되었고 더욱 격조 높은 시조에 입문하면서 생의 절정기를 맞게 된다. 이러한 운명은 그의 삶을 활기차고 적극성을 가진 방향으로 이끌어가고 있는 중이어서 이후로도 더 높고 고상한 차와 시조의 경지를 열어갈 것으로 보인다.

굴성은 생물이 자연환경의 변화에 대해 보이는 반응을 일컫는다. 식물이 햇빛을 받기 위해 잎이나 가지를 움직이는 것에서부터 동물들이 습지를 중심으로 섭생을 유지하거나 생장에 도움을 받기 위해 환경에 적응하는 것들을 총칭하는 말이다. 이러한 굴성을 한 차원 높여서 본다면 김효신이 다도를 만나서 공부하고 시조를 접한 후 강력한 의지를 가지고 정진하는 것 모두가 훌륭한 굴성이라 해도 좋을 듯하다. 첫 시집인『여든의 하루와 쉰아홉의 하룻밤』에 보이는 작품들의 유형과 흐름을 가만히 살펴보면 그가 걸어온 삶의 자세는 물론이고 정성과 지극한 열정이 녹아들어 있는 따뜻한 모습과 만나게 된다. 한 사람이 운명의 도움으로 난기류에 빠지지 않고 온전하게 열정으로 생을 유지할 수 있는 것도 큰 행운이라 할 수 있다. 착한 인연의 끈으로 김효신이 시조에 담아낸 격조 있는 삶과 시조의 모습을 살펴보기로 하자.

2. '검은 봄의 기억'으로 자란 '민들레 가족'

사회에 빈부와 권력의 격차가 엄연하게 존재하는데 그중에는 언제나 부족한 자와 약자의 수가 훨씬 많다. 현대사회를 이끌고 가는 제도 중에 자유자본주의만큼 무책임하고 폐단이 큰 제도는 없다. 최소의 투자로 최대의 효과를 추구하는 자유자본주의 제도는 동양 사상이 추구했던 인仁이나 덕德의 기준과는 상당한 거리감이 존재한다. 그래서 현대 국가들은 여러 다양한 정책이나 세제 등을 통하여 부와 권력의 양극화를 해소하기 위해 골몰한다. 그러나 세상에 존재하는 개인은 부패한 국가와 비합리적인 사회제도, 불공평한 분배의 문제와 차별 대우에 시달리며 힘든 여정을 걷는 경우가 허다하다. 아무리 사회와 국가가 개인의 평등한 삶을 지켜주기 위해 노력한다 해도 완전히 평화롭고 균등한 제도는 없으며 누구의 삶이든 어느 정도의 시련과 고비는 자연스러운 현상으로 받아들여야 한다.

지금도 여전히 석탄가루 날린다면
어머니 난방 폭탄 맞지 않고 사셨을까
한때는 기름보일러 탄광촌을 달궜지.

물색도 민들레도 빨랫줄 흰옷까지
사람도 골목길도 까맣게 윤이 나서

더욱더 까매져야만 풍요롭던 탄광촌.

땅속을 기어가며 일흔 해 신의 영역
해저 삼백 미터 골수까지 파먹었네
광부 딸 광부의 아내 휴식기에 들던 날.
 −「검은 봄의 기억」 전문

　산업혁명이 가져온 각종 열기관은 인구와 물류의 이동과 생산량 증가에 획기적인 발전을 초래했다. 위 작품의 시대적 배경을 살펴본다면 한국이 본격적으로 경제개발계획을 실천한 60~70년대에 해당할 듯하다. 석탄으로 열차가 움직이고 발전소에서는 전기가 생산되며 석탄산업은 활기차게 발전하였다. 석탄은 열기관에 사용된 최초의 화석연료였다. 강원도 지역에는 석탄이 풍부해서 광산에 많은 인력과 자본이 몰렸다. "물색도 민들레도 빨랫줄 흰옷까지/ 사람도 골목길도 까맣게 윤이 나서" "풍요롭던 탄광촌"이었다. 당시의 풍요라고 해야 겨우 의식주를 해결하고 초등 의무교육을 받는 정도였을 것이다. "해저 삼백 미터 골수까지 파"냈던 막장의 신화는 이제 '검은 기억'으로 남아있는 경제개발기의 풍경이었다. 이제는 석탄산업이 쇠퇴하여 사양산업이 되고 말았지만 시인의 기억 속에는 "광부 딸 광부의 아내"로 살았던 아스라한 추억으로 그려져 있다. 이 시기를 이겨낸 한국은 해외 개발 사업과 중공업에 박차

를 가하여 한강의 기적을 이루고, 올해는 미국 경제 전문지《포
브스》가 선정한 세계 6대 강국에 포함되었다는 사실이 새삼스
럽게 다가온다. '검은 봄의 기억'은 되돌아보면 열정과 활기로
들끓었던 격정의 시절이었다. 특유한 한국인의 심성과 단결력
이 이끌어낸 소중한 이 시간이 없었더라면 지금의 한국은 모두
불가능했을 것이다.

　판잣집 울타리 아래 민들레 가족은

　막장을 막 나온 아버지 눈빛이었다

　계절도 드러내지 않는 무심함과 천진함.

　어두운 골목 집 대문 앞에 다다르면

　검은 작업복 헹궈내는 어머니 작은 몸집

　손톱 밑 까만 희망이 흔들리며 피어났다.
　　-「민들레 가족」2, 3수

　산업의 기수라 불렀던 당시의 남자들은 못 할 일이 없었다.
전쟁터인 베트남에도 달려갔고 독일의 탄광이어도 좋았으며

열사의 사우디아라비아라도 마다하지 않고 나가 싸웠다. 달러를 벌 수 있는 곳이면 한국인들이 가지 않은 곳이 없었다. "막장을 막 나온 아버지 눈빛"에는 살기가 어려있었을 것이다. 갱으로 내려갈 때 목숨줄을 달고 간다고 했으니 허튼소리가 아니었다. 사흘이 멀다 하고 탄광 붕괴 사고 뉴스가 귀에 들려왔으니 온 국민의 기도로 광부는 살아갔다. "검은 작업복 헹궈내는 어머니 작은 몸집"은 또 얼마나 바쁘고 고단했을 것인가. 아침이면 남편과 자식들의 도시락을 싸던 공손하고 따뜻했던 엄마의 거친 손도 그립다. "손톱 밑 까만" 때가 "희망"으로 자라났던, 뒤돌아보기에도 안쓰러웠던 50년 전의 삽화가 「민들레 가족」에 그려져 있다. '민들레 가족'의 긍정적인 사고와 뒷심이 아니었다면 "까만 희망"은 말 그대로 시들어버렸을지도 모른다. 까만 탄가루를 뒤집어썼지만 희망의 민들레로 가족을 승화시킨 시인의 마음이 오롯하다.

3. '가장 낮은 곳'으로 간 발심

학생으로서가 아닌 일상에서 자신만의 공부를 작심하고 해내기란 쉽지 않다. 주부라도 나름대로 해야 할 일이 있으니 아주 독한 마음을 먹고 시작해야만 가능하다. 다도를 배우는 일도 시조 창작을 배우는 것도 마찬가지로 어렵다. 더구나 어머니 세대에는 감히 생각도 못 했을 일들이다. 광부가 직업인 남편과 더불어 사는 일인들 쉬웠으랴. 첫째는 위험한 작업을 해야 하는 사람의 마음을 잘 다스리게 만져주는 일이 어려웠을 것이고 강한 노동을 이겨나갈 수 있게 건강과 기력을 챙겨주는 일도 중요했을 것이다. 그러면서도 많은 자식을 키우고 작지만 텃밭도 가꿔야만 했던 어머니는 강철이었다.

옥수수밭, 그곳은 어머니의 부대였다
오와 열을 맞추어 선 군기에 쩐 병사
그 속을 매의 눈으로 검열하듯 지났다.

장대 같은 큰 키에 허리춤에 장착한
크고 잘 여문 송이 툭툭 꺾어 내었다
여름은 옥수수가 익어야 지나가는 역이다.

갈퀴 같은 뿌리는 대지를 움켜잡고
정수리 수꽃이 볏을 피워 한생이다
그곳은 어머니의 땅 대를 잇는 장소다.
　－「여든의 하루와 쉰아홉의 하룻밤」 전문

전쟁터에 나가는 대장 같은 어머니의 모습이 눈에 선하다. "오와 열을 맞추어 선" 옥수수는 "군기에 쩐 병사"라니 어머니의 휘하로 사는 것은 군기가 바짝 들어야 가능하리라. 쌀이 떨어져 갈 무렵 하지감자가 나오고 바로 뒤에 옥수수를 딸 수 있다. 그러니 두 작물은 없어서는 안 될 귀중한 식품인 것이다. 그래서 "여름은 옥수수가 익어야 지나가는 역이다"라고 했다. "갈퀴 같은 뿌리는" 어머니의 손과 같아서 힘이 세다. 돌멩이밭일지라도 뿌리가 강력하게 "대지를 움켜잡고" 꽃이 피는 "한생"을 버텨내야 한다. 시제로 올린 "여든"과 "쉰아홉"은 무슨 숫자일까? 아마도 어머니의 연세와 화자의 나이가 아닐까 한다. 그 "하루"와 "하룻밤"의 고민과 기도와 감사와 희망이 모여 힘든 시절을 건넜다. 아직도 옥수수 농사를 놓지 않으시는 어머니의 옥수수밭을 두고 "어머니의 땅 대를 잇는 장소다"라고 한 마무리는 강력한 메시지를 남긴다. 어머니의 하루가 건강하고 딸의 하룻밤은 깊어지길 바라며 표제작의 의미를 되새겨 본다.

이슬 같은 소리들이 땅 위에 떨어졌다
허공을 오르다 감나무 키를 못 넘고
떨어진 그 자리에서 아이처럼 또 운다.

그침 없는 울림들은 대지를 식히고
뜨거워진 눈물은 나이테를 새긴다
나에게 수만의 언어 그 의미는 무엇일까.

순간순간 그 울림은 항상 그 자리
깨어있어 들으라는 경책의 화두인가
내 안의 가장 낮은 곳 스승이 살고 있다.
　－「가장 낮은 곳의 나의 스승」 전문

　김효신이 시조를 배우게 된 것은 50대 때이다. 이제 백 세 인생 시대에 50대는 청춘의 절정이다. 생각과 활동이 원활하고 적지 않은 생의 경륜도 뒷받침이 되어주는 중요한 시절이라 하겠다. 나무가 바람에 흔들리며 조금씩 멋진 수형을 갖추듯 형체가 의젓하게 변하며 시인이 되기 위한 노력과 또 그 이후의 정진하는 모습이 참 진실하다. "내 안의 가장 낮은 곳 스승이 살고 있다"는 마지막 수의 종장이 참 처연하게 다가온다. 그의 시가 수준이 높거나 낮은 것을 따지기 전에 작가가 이러한 표현을 했다는 것이 대단한 과정이라는 생각이 든다. "가장 낮은 곳"이라면 쉽게 『도덕경』에 나오는 '상선약수上善若水'란 말이 떠오른다. 자신이 추구하는 가장 소중한 곳에 스승을 모시며 시조를 공부한다는 자세를 곱씹어 본다. 첫 수의 표현도 정말 솔직하고 재미있다. "이슬 같은 소리들이 땅 위에 떨어졌다/ 허공을 오르다 감나무 키를 못 넘고/ 떨어진 그 자리에서 아이처럼 또 운다"에는 많은 시어와 표현을 시도하고 바꿔가며 좋은 구절을 성취하기 위해 애를 쓰는 시인의 모습이 엿보인다. "아이처럼 또 운다"고 했으니 지우고 고치고 다시 수습했을 한 수의 시조가 소중하다고 할 수밖에 없다. "뜨거워진 눈물은 나이테를 새"기고 "깨어있어 들으라는 경책의 화두"로 다가서는 '스승'의 가르침을 소중하게 받아 든 제자의 겸허하고 애틋한 자세가 싱그럽고 경건하다. 언젠가는 부디 스승을 넘어서는 좋은 작품으로 돌아오기를 믿고 기원한다.

4. 다도茶道에서 우러나는 시조의 샘물

김효신은 화윤 박남식 선생에게 다도를 배웠다. 오랜 시간 동안 먼 거리를 오가며 받아 든 예절이니 틀림없이 좋은 수준의 다도를 익혔을 것으로 본다. 늘 요가로 몸을 다스리고 몸의 소리와 변화에 집중하는 화윤 선생을 보면 그 제자의 다도 또한 신실하리라 믿게 된다. 여러 편의 차 관련 작품 중에서 하나를 감상해 보자.

손님을 기다리다 잊혀질 차 한 통
'나'라는 귀한 손님 일깨워 준 스승님
미루어 아끼는 것이 검소 아닌 사치다.

아끼다 묵어버린 말차 한 봉의 내력
가물한 차의 이력 더듬더듬 찾아내어

비로소 나를 대접해 보은의 맘 전하리.

찻물이 끓는 소리 바람마저 잠재우고
이백 년 전통의 차 향기에 취하여
적적한 서벽당 안에 군자처럼, 나 있네.
　―「나를 손님으로 모시고」 전문

　다도는 단순하게 차를 마시는 것보다 훨씬 더 많은 과정을
공부해야 한다. 차를 만들거나 때와 자리에 따라 적당한 종류
의 차를 고르고 다양한 그릇을 격식에 맞춰 선택하며 여유 있
게 품위를 갖추어 차를 마시는 예법인 것이다. 차를 우리고 건
네는 과정에서도 마음을 정갈하게 가라앉히는 것은 물론이고
상대방을 존중하고 예로 대접하는 정신적인 수준도 갖추어야
할 부분이라 하겠다. 그러려면 수준에 맞는 대화를 할 수 있도
록 교양과 지식도 서로 통해야 할 것이니 여러 방면에 소양이
깃들어야 한다. "잊혀질 차 한 통"에서 '나'를 깨닫게 한 "스승
님"에 대한 경의가 깍듯하다. 비록 차 한 잔을 우려서 나에게 대
접하는 사소한 자리겠지만 "보은의 맘"이 진득하게 깔려있다.
차를 단순하게 값을 지불하고 구입하는 것으로 보기 쉽지만 소
중한 차를 소개받거나 선물로 온 것이라면 소중함이 배가할 것
이요, 먼 도공에게서 어렵게 구입한 다관이나 잔이라면 늘 보
물 모시듯 닦고 감상하는 즐거움도 크다. 손님에 따라 모양과

색감을 맞춰 잔을 고르는 것도 재미있고 손님과의 믿음과 소통을 확대하는 소중한 계기가 된다는 마음을 갖추는 것도 중요한 절차이니 다도는 단순하면서도 소소하고 다양한 미학이 겹치는 과정이라고 할 것이다. "이백 년 전통의 차 향기에 취하여/ 적적한 서벽당 안에 군자처럼" 앉아서 좋은 차를 마시는 화자를 생각하니 독자의 마음도 두둥실 떠오르는 기분이다.

가볍고 단단하게 불기운을 이겨낸
차관 한 점 손에 들어 연신 차를 우려낸다
이토록 행복지수 높은 날 시도 한 수 우려낸다.

대홍포 동방미인 담아내는 찻잔마다
작가의 순수함과 노련함이 배어있다
찻잔은 흙과 불의 진수를 진설하는 몸이다.

주인의 손끝에서 피어난 말차 향은
찻사발 중심에 영롱한 우물 되어
환희의 두레박을 올린다 시와 차가 하나다.
  –「행복지수 높은 날 – 진곡요 전시장에서」전문

작품에 등장하는 이날은 화자가 진곡요(황승욱 도예가의 전시장)에 들러 눈 호강을 한 날로 추정된다. 다인들이 모여 요장이나 전시장을 방문하는 날은 마음이 한껏 부풀어 오른다. 가마에서 나온 새로운 작품들을 보는 호사도 누리고 새로 들여온 차도 얻어 마시며 자기 작품 자랑은 물론이고 다기의 새로운 추이와 변화 과정들의 정보도 교환하는 자리이기 때문이다. "불기운을 이겨낸" 새 다관에 우려내는 새 차의 맛은 어련하겠는가. 그러니 "행복지수"는 상한가다. "대홍포 동방미인"은 이미 좋기로 소문이 자자한 차이니 "흙과 불의 진수"가 어우러진 잔으로 마시는 기운은 몇 배가 더하고도 남을 일이다. 오래간만에 만나면 녹차에 보이차, 그리고 말차까지 돌려가며 마시는 재미도 우련하다. 이런 호사를 누리는 날엔 시조도 좋은 작품이 터져 나오게 마련이니 "환희의 두레박을 올린다"는 말이 빈말이 아니기를 기원한다. 결국 화자는 "시와 차가 하나다"라고 말하고 싶어서 안달방아를 찧고 기다렸을 것이다. 단순한 듯 보이지만 "시와 차가 하나다"라고 말할 수 있기까지는 정말 길고 긴 수련과 깨달음과 성찰의 시간이 지나가야만 가능하다.

마음을 가다듬어 홀로이 앉은 자리
두 번의 죽비 소리 선계로 이어지고
청아한 대금 소리가 초록 눈썹 깨운다.

차와 물 조화롭게 감싸고 스며드니
천 개의 거품 속에 천 개의 부처님

절제된 몸으로 여는 신비로운 어울림.

한 호흡 한 동작에 수만 꽃들 피고 지고
멈춘 듯 스친 시간 서른 해를 관통한다
풍류는 도를 넘어선 하나 됨에 눈부시다.
　－「풍류차향, 서른 해」 전문

　시집을 만들 때 첫머리에 올려놓을 작품을 고르는 것은 쉽지 않다. 그 자리에 「풍류차향, 서른 해」를 올려둔 것을 보면 작자는 자기 인생 중 가장 자랑할 만한 것으로 '차와 시조'를 생각한 것으로 보인다. 시인은 자신의 차 사랑 30년을 자랑하고 싶었던 모양이고 결국 그것을 시조로 구사해 시집 맨 앞에 봉헌했다. 청춘을 오롯하게 정진하며 깨달은 다도이니 어찌 사랑스럽지 않을 것인가. "죽비 소리", "대금 소리"가 흥취를 더하는 자리이니 "천 개의 거품 속에 천 개의 부처님"까지 모신 분위기는 최상인 듯하다. 시인에게 다도의 경력보다 시조의 입문이 뒤의 일이니 아직은 시조가 조금 모자라겠으나 그의 열정을 추슬러 보면 시조의 발길에도 한층 더 덥고 뜨거운 기운이 합해지리라 생각한다. 한껏 차와 시조에 정성을 다하며 호시절을 맞이하길 바라는 마음이다.

5. 수굿하게 받아 들 굴성과 순응의 조화

'시인의 말'에서 김효신은 "그대는 들뜨지 않는 나를 찾아 가는 길"이라 말하였다. 시조를 쓰는 창작의 길을 정숙하고 경건한 수행의 장으로 삼겠다는 다짐이다. 인간의 마음은 세상의 많은 풍파에 휩쓸리고 유혹에 넘어가고 약속을 지키지 못하고 자신과의 다짐에도 흔들릴 때가 많다. 그것은 자신이 지켜야 할 마음의 뿌리가 "들뜨"기 때문이다. 그래서 시인은 그것을 방지하는 길을 찾기 위한 방편으로 '시조 창작'을 택하였으니 그가 다짐한 시조 속에는 수행修行의 큰 그림이 새겨져 있다고 보인다. 이미 그가 다도를 통하여 갈고닦았던 모든 실천이 수신修身의 길이었다면 이제 시조는 한 발자국 더 나아가 수심修心의 장이 되기를 갈망하는 맹세라고 할 수 있다.

남은 생애 2배속으로 함께 하자시며

죽비를 아낌없이 내리시는 그대

등줄기 시원한 자국마다 시구절이 맺힙니다.

시조와 법문을 양손에 쥐여주셔

맑히고 걸러내니 드러나는 나의 본좌

자신을 무두질하듯 찻물만 끓입니다.

스무 해 더 묵은 차 품에 안고 오신 날

무언의 시간 속에 깊은 향 건져내며

한 가닥 흐트러짐 없는 누구신가 그대는.
　　　　-「자비로운 죽비」전문

　「자비로운 죽비」에는 "시조와 법문"을 배우는 수행자로서의 다짐이 넘쳐흐르고 있다. "2배속으로 함께" 달려갈 제자와 스승의 모습을 보면 마치 알을 깨고 나오려 껍데기를 쪼며 애를 쓰는 병아리와 그것을 도우려 어미 닭이 밖에서 쪼아주는 줄탁동시啐啄同時의 대역사처럼 아름답다. "죽비"는 어미 닭의 보살핌이요, "무두질"은 병아리의 노력이다. "등줄기 시원한 자국마다 시구절이 맺"힐 터이니 시조는 "무언의 시간 속에 깊은 향"을 그윽하게 품고 있을 것이다. 요즘같이 사람과의 관계가 불신과 마찰로 얼룩지고 인륜마저 무시하는 세태를 되새겨 볼 때 여기 작품에 새겨진 제자와 스승의 관계는 선계의 일처럼 곱다. "시조와 법문"을 두 손으로 받아 든 제자와 "한 가닥 흐트

러짐 없는" 스승의 모습에서 햇빛을 조금이라도 더 받으려는
식물의 굴성과 죽비를 달게 받는 순응의 자세를 읽을 수 있다.

꼿꼿이 정좌하고 정주행 시조 한 권

불연佛緣이 아니라면 마주할 일이런가

달에도 시인이 살까, 깊은 내면 그 감성.

고요한 음성 속에 읊조리는 시구들은

내 안의 나를 일깨우고 불러내니

달빛에 비우는 찻잔 맹탕인들 어떠랴.

주술 같은 밀어가 승과 속 아우르고

알 듯도 하련마는 도무지 알 수 없어

날마다 찰나의 부처 돌아보고 돌아본다.
　−「돌아보고 돌아보다」전문

스승과 제자의 대화는 끝이 없이 깊게 이어진다. 스승의 시집에서 스스로 배우는 감성은 "내 안의 나를 일깨우고 불러내니" 이제 습작을 보고 빨간 줄을 그으며 가타부타 좋다 그르다 말하지 않아도 "주술 같은 밀어가 승과 속 아우르고" 교감하는 수준이 되었다. 그리하여 이제는 더 이상 차가 "맹탕"이거나 "달에" "시인이 살"지 않아도 "찰나의 부처"가 되어 서로를 마주 보고 웃는다. 그 웃음 속에는 시조 삼 장과 반야심경이 "정좌하고 정주행"한다. 이 조화로운 두 사람의 경지는 시조로 들어와 더욱 주제를 확장하고 세상을 흔들고 큰 울림을 만들어내고, 이러한 순간들은 다른 작품에서도 이어진다. "이토록 웅장하게 세상을 흔드는 것/ 쉬지 않는 울림들이 이루어낸 시공간/ 오로지 소리의 흔적 그들만의 언어들"(「향을 고르듯 소리를 고르다」)이 바로 그 증거이다.

뜨거운 열기는 대낮을 죄 녹이고
식지 않는 열대야 밤새도록 끓는다
먼 길 온 장평수선이 홀로 짓는 차 향기.

한여름 불 앞에서 잠 못 드는 도공처럼
탄배 향 붉게 물든 무쇠솥에 뜸이 들면
알아도 알지 못했던 나를 위한 정화 시간.
　　－「나를 위한 정화 시간」 전문

차와 시로 일상이 꽉 차있는 듯 화자의 하루는 늘 차를 우리고 시상을 다듬는다. 장평수선漳平水仙은 중국 복건성福建省 장평시漳平市에서 생산되는 특산품 오룡차이다. 차는 제다 방식에 따라서도 제각각의 이름이 많지만 생산 지역에 따라서도 세세한 고유의 이름을 갖는다. "먼 길 온 장평수선이"라는 종장을 읽다 보면 마치 귀하고 친한 손님처럼 차를 부르고 있어서 정말 다정한 사람의 격이 느껴진다. 이 외에도 시집에는 "봉황단총鳳凰單叢"(「침묵의 스승」)이니 "탄배 향"이니 하는 차 관련 단어가 많이 나오는데 이는 모두 차를 전문으로 하는 달인들이 쓰는 용어라 이루 다 설명하기 어렵다.

시조를 읽고 나면 김효신이 얼마나 자신에게 충실한 사람인가를 알게 된다. 허튼짓은 다 버리고 인생에 약이 되고 살이 되는 소중한 것들만 모아서 즐기고 공부하는 "정화 시간"을 갖는다는 것이 얼마나 고되고 어려운 일상인가를 범인들은 상상하기 쉽지 않다. "알아도 알지 못했던 나를" 정성을 다하여 닦고 익혀가는 시인의 길이 융숭하고 수긋하다.

6. 나가며

다도를 아주 조금밖에 모르는 필자가 김효신의 시조를 읽으며 많은 공부가 되었다. 필자도 한때 다완을 좋아해서 스승을 모시고 다구를 찾아 문경의 영남요, 조선요, 관음요, 밀양의 구천요, 무안 승광요 등을 찾아다닌 적이 있다. 새삼 그 시절의 기분이 되살아나는 기운을 느끼며 이런 인연이 김효신의 첫 시조집 원고가 나의 손에 오기까지 작은 근거가 되었을지도 모른다는 생각에 이른다. 인간이 태어나 관계를 잘 맺기란 아주 오랜 세월의 연이 쌓여야만 가능한 일이다. 그래서 만남이란 소중하고 함부로 행해서는 안 된다는 것을 잘 알고 있다.

김효신이 시조를 짓는 시간은 남달라서 그가 좋아하는 차와 종교의 의식과도 밀접한 연관을 맺고 있으리라 짐작된다. 진심을 모아서 부처와 차와 시조에 온 정성을 쏟아붓는 김효신의 창작 수행은 아름다우며 신실하다. 다관에 차를 골라 우리고 어울리는 잔에 상대방을 생각하며 차를 올리는 그 열과 성을 다해 살아가는 삶과 시조가 만나 우련한 꽃을 피웠으니 그 향기가 오래 독자의 마음에 남을 것이다. 창작 수행에 바친 노고에 박수를 보내며 "자정의 카페"로 그가 보낸 봉황단총 계화향 차향을 전하며 글을 맺는다.

마음 다해 물 주고 마음 다해 손길 주어

꽃들이 전하고 있는 별에 닿은 차 향기

계절을 잊고 핀 꽃은 무슨 생각 했을까.

봄에 핀 여름꽃들 화화로운 생동감에

매일 밤 자정의 카페 무명의 시 흐르네

내 인생 시인의 향기 머물기로 하였네.
 ―「시인의 향기」 전문